Giovanni Scalera

Ilustrações de Mariarosa Guerrini

...É a vida!

CB002055

Paulinas

Dados Internacionais de Catalogação na Publicação (CIP)
(Câmara Brasileira do Livro, SP, Brasil)

Scalera, Giovanni
... É a vida! / Giovanni Scalera ; ilustrações de Mariarosa Guerrini. – São Paulo : Paulinas, 2012. – (Coleção o melhor remédio. Série reflexões e orações)

ISBN 978-85-356-3366-5

1. Conduta de vida 2. Espiritualidade 3. Reflexões 4. Vida cristã I. Guerrini, Mariarosa. II. Título. III. Série.

12-12534	CDD-248.4

Índice para catálogo sistemático:
1. Guias de vida cristã : Reflexões : Religião 248.4

Título original: *É la vita!*
© Edizioni San Paolo s.r.l., Cinisello Balsamo (MI), 2007

1ª edição – 2012

Direção-geral: *Bernadete Boff*
Editora responsável: *Andréia Schweitzer*
Tradução: *Simone Rezende*
Copidesque: *Mônica Elaine G. S. da Costa*
Coordenação de revisão: *Marina Mendonça*
Revisão: *Sandra Sinzato e Marina Siqueira*
Gerente de produção: *Felício Calegaro Neto*
Ilustrações: *Mariarosa Guerrini*
Assistente de arte: *Ana Karina Rodrigues Caetano*
Produção de arte: *Telma Custódio*

Paulinas
Rua Dona Inácia Uchoa, 62
04110-020 – São Paulo – SP (Brasil)
Tel.: (11) 2125-3500
http://www.paulinas.org.br – editora@paulinas.com.br
Telemarketing e SAC: 0800-7010081

A vida é...

Dom

Competição

Obra de arte

Risco

Transparência

Responsabilidade

Fidelidade

Amizade

Entrega

Reflexão

Apresentação

Em dias cinzentos ou chuvosos, quando não encontrávamos lugar para brincar ou passar o tempo, entrava em cena meu avô, que, com a sabedoria dos analfabetos, nos distraía com histórias em estilo de parábola que clareavam o horizonte, fazendo-nos recobrar um pouco de bom humor.

Neste momento, me lembro da história do lenhador, um pobre coitado que passava os dias rachando madeira com seu machado e, ao pôr do sol, antes de voltar para casa, jogava sobre os ombros um feixe de lenha para queimar na lareira e aquecer a mulher e os filhos.

Certa noite, no auge do cansaço, parou na margem da estradinha dominado pelos piores pensamentos. Enquanto sua mente saltitava sem sossego entre uma preocupação e uma angústia, escapou-lhe da boca um lamento sob a forma de invocação: "Morte, morte! Por que não vem?".

Dali a poucos segundos ouviu às suas costas um sussurro e, sendo um homem habituado aos ruídos da mata, voltou-se instintivamente para ver do que se tratava.

Um espetáculo arrepiante! Uma figura lúgubre, vestida com um manto negro e uma grande foice apoiada no ombro, o estava mirando.

– Você me chamou? Eis-me aqui! O que quer de mim?

O lenhador, aterrorizado, ficou mudo.

– Então?... Esse chamado aflito... O que queria me pedir?

Sem saber para onde olhar, o lenhador respondeu, com um fio de voz:

– Pode me ajudar... – balbuciou – ... a levar a lenha para casa?

Todas as vezes que ouvimos as histórias dos mais velhos ou lemos livros que transbordam de sabedoria, logo percebemos que, diante de fenômenos dificilmente explicáveis, de eventos que se assemelham a tragédias ou de fatalidades do destino, rendemo-nos à sentença: "... É a vida!".

Alguém sabe dizer algo mais sobre a vida ou precisa fiar-se na sabedoria popular para conseguir uma resposta e um conselho sobre como enfrentar os problemas cotidianos?

Todas as pessoas, quando vêm ao mundo, descobrem bem depressa que a principal característica da vida é a instabilidade. Nela estamos contidos; é igual e diferente para cada um de nós; é fonte imprevisível de alegrias e preocupações; deixa-se entrever, mas nunca se revela; é fonte de conflitos e de vínculos indecifráveis. O que complica as coisas é que somos frequentemente levados por certa desdita, para não dizer mesquinharia, de fazer comparações e considerar que na origem da vida há injustiças, como se, dirigida por nossas mãos, a vida pudesse finalmente alcançar a imparcialidade, o equilíbrio, a igualdade, a equidade...

O erro – acreditamos realmente que seja assim – é que nós, por nos lamentarmos tanto da vida, não percebemos as coisas belas que temos e deixamos de desfrutá-las, mesmo que estejam ao nosso alcance. A vida é uma e muitas coisas ao mesmo tempo, mas para descobri-la devemos usar alguns métodos, regras... e não nos deixar levar pela urgência de querer todas as respostas de uma só vez. Sim, também isso é vida: as pequenas lições, aquelas que se aprendem dia após dia, nos enriquecem e dão sentido a nossa jornada.

E as tribulações, o desânimo, os momentos difíceis? Esses existem para todos, mas só aprende a enfrentá-los quem coloca pequenos esforços diários na vontade de superá-los e, ao final, percebe que não era assim tão complicado desfrutar toda a alegria que a vida lhe pode conceder.

É isso que desejamos com este pequeno manual, o qual não tem a pretensão de resolver os seus problemas, mas lembrar-lhe de que não estará só quando sentir a tentação de não apreciar o insuperável dom da vida.

Dom

*A coisa mais bela e estimulante que podemos
encontrar na vida é a doçura da gratuidade.
Estar em contato com pessoas generosas
dilata a alma e nos dá a garantia
da alegria do Paraíso.
Nossa vida, na verdade, está imersa
em generosidade: da concepção
ao último suspiro, tudo é um dom,
ainda que, frequentemente, prisioneiros dos
problemas cotidianos, tenhamos dificuldade
em apreciar a beleza dessa graça.*

Persevere, mesmo se achar que seus esforços
não dão resultado e fazem você se sentir inútil:
nem mesmo o seu Anjo da Guarda
consegue impedir que cometa erros e, no entanto,
ele não desiste de ficar a seu lado e protegê-lo.

Não se canse de doar-se.
Ainda que pareça inútil,
lembre-se de que até mesmo as plantas,
quando deixam de dar frutos, morrem.

Faça projetos segundo
as suas capacidades
e potencialidades.
Evite sonhar com aquilo
que é impossível.

Se você doa sua vida
apenas a quem julga merecê-la,
isto significa que, em seu íntimo,
você quer ser recompensado.

Quando você não se sentir feliz consigo mesmo,
examine-se num espelho confiável
para verificar se realmente há algo errado com a sua imagem
ou se, em vez disso, precisa retirar alguma máscara.

Os seus dias são repletos de eventos maravilhosos;
por isso, quando se expressar, evite exaltar-se,
usando expressões exageradas ou absolutas.

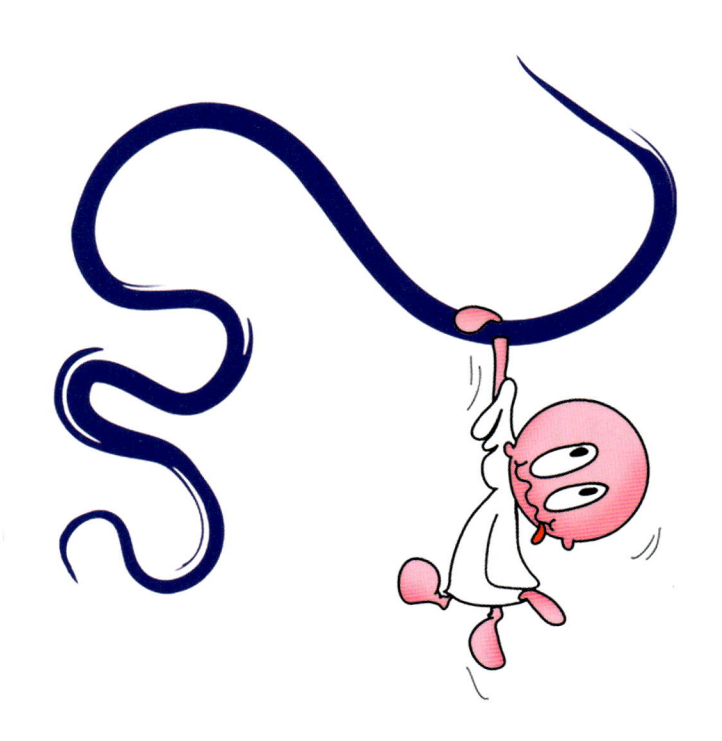

Risco

*Um dos momentos mais críticos é aquele
em que sucedem acontecimentos inesperados,
que fazem você se sentir desprotegido.
Em geral, demonstram uma baixa autoestima.*

*Na verdade, a nossa insegurança nasce
frequentemente das imprudências
ou leviandades que impedem de nos
sentirmos livres, porque, de repente,
nos vemos forçados a prosseguir
sob o peso dos nossos erros.*

Cumpra seus prazos:
aquilo que deixar de fazer no momento oportuno
ninguém o fará por você, e terminará por
perder o sono, sobrecarregado de obrigações.

A palavra dada é sagrada:
se não mantiver as suas promessas,
perderá sua credibilidade e sua boa imagem,
e ninguém mais confiará em você.

Modificar a realidade para adequá-la aos seus interesses é uma forma infantil de lidar com a vida e, a longo prazo, o faz perder a credibilidade.

Se muda constantemente de opinião
e não assume uma posição, você dá a entender
que é uma pessoa sem princípios,
capaz de se vender à melhor oferta.

Cuide das suas obrigações.
Se um colega cometer um erro,
não seja você o juiz.

Você acha
que tem sempre razão?
Deve ser mesmo difícil
viver num mundo
com tanta gente medíocre.

Ou não?!

ão procure desculpas
por não ter cumprido seus
prazos por
falta de tempo: bastava
ter feito bom uso dele e
não desperdiçá-lo quando
o tinha à disposição.

Ficar ao lado
dos poderosos
ou dos que comandam
pode ser útil e recompensador,
mas você tem certeza
de que quer partilhar
o destino deles,
caso errem ou
caiam em desgraça?

Não há mal nenhum em
não ostentar marcas ou grifes:
muito pior é apresentar-se
sem ter cumprido o dever.

O dinheiro é um bem que nos serve
para viver e sobreviver.
Gastá-lo e esbanjá-lo
sem necessidade pode
nos fazer perder o sentido
da realidade social
e das coisas realmente importantes
de nosso cotidiano.

Competição

Nossa sociedade, hoje em dia, nos coloca metas a serem continuamente alcançadas e superadas. A relação entre sucesso e competição é um tema antigo, mas requer uma consciência particular: aquela que nasce do equilíbrio de quem acredita que a simples participação já é, em si, uma fonte de gratificação.

No entanto, os vários modos com que se combinam esses dois componentes nos fazem encontrar pessoas que querem vencer a qualquer custo e nem sequer olham para os lados durante a competição. Há também aquelas que parecem estar sempre competindo, mas na verdade têm apenas a necessidade de projetar essa imagem. E há aquelas que são indiferentes, seja ao sucesso, seja à competição. Esses três tipos de pessoas são os frutos mais amargos de nosso tempo. Você saberia reconhecê-los e classificá-los?

Bem-sucedidos

"As pessoas valem
por aquilo que têm
e não por aquilo que são."

Delatores

"Quanto você me paga
para ser seu espião?"

rapaceiros

"As pessoas só têm valor
se chegam ao topo
e qualquer meio
para conseguir isso
é válido."

Prepotentes

Querem sempre dar a última palavra
e passam a vida competindo...
com quem?

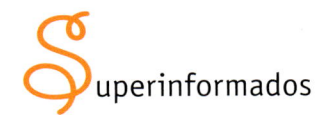

Superinformados

Sempre sabem tudo,
porque dizem que leem tudo.

páticos

Rejeitam a competição e o sucesso.
Quer um exemplo?...
Eles reagem
da mesma forma
se um raio incendiar
a casa deles
ou se ganharem na loteria.

$\mathcal{P}$resunçosos

"... se eu fosse o presidente..."

"... se eu fosse o Papa..."

Hipócritas

Quando percebem que não têm chance de ganhar, dizem:
"Deixe-o vencer, já que ele precisa disso".

Dissimulados

Diante da derrota,
procuram um
bode expiatório.

Teimosos

Mesmo diante da evidência, recusam-se a admitir suas falhas.

Obra de arte

*Há uma historinha enigmática sobre um pintor
que se desesperava porque não conseguia
pintar o arco-íris: a sua técnica lhe
permitia usar apenas a gama de cores que
estivessem contidas entre os tons de cinza.*

*A vida é realmente uma obra de arte,
mas às vezes nós a julgamos monótona
e insignificante porque lhe tiramos a alegria
e a vivacidade dos seus tons.*

Nem tudo é apenas branco
ou totalmente preto.

$\mathcal{P}$rocure alternativas às ideias fixas
e às primeiras impressões.

Não importa se você
não é uma estrela,
uma flor rara
ou uma joia preciosa;
se descobrir a sua vocação,
será feliz por ser
você mesmo.

Quando conhecemos
as pessoas a fundo,
vêm à tona os traços
que tentamos esconder
dos outros.

Não pretenda modificar o mundo, afinal, ele é muito mais velho que você.

Fale pouco de si mesmo;
mais do que tudo,
aprenda a escutar.

Transparência

*Um dos primeiros erros que se aprende a confessar
desde criança são as mentiras. Uma armadilha
na qual se cai facilmente e da qual se sai
com muita dificuldade. Quem diz: "Eu nunca minto",
acaba de dizer uma mentira. E então?
Há uma explicação e um possível remédio
ou é preciso aceitar a nossa condição como se
fôssemos escravos da nossa natureza? A sociedade
parece ter criado um código em que se decide,
caso a caso, quando se deve dizer a verdade.
Creio que para nos resguardarmos da mentira
existem sempre quatro tipos de ciladas
dos quais devemos nos precaver...*

rimeiro tipo

"No fundo, era o mal menor,
uma mentira necessária."

Segundo tipo

"Que mal há em aumentar
um pouquinho as coisas?
Quando invento algo,
todos prestam atenção"
(para ser ouvido precisa
inventar mentiras).

Terceiro tipo

"Tenho medo, porque sei que nunca seria compreendido e não me permitiriam explicar" (medo de ser punido, fraqueza).

uarto tipo

"Sei que a culpa não foi dele, mas, se o acusar,
mais cedo ou mais tarde, ele vai assumir."

"Sou filho da verdade:
aquilo que tenho no coração, tenho também nos lábios."

Quando ofender alguém,
não se esconda atrás da desculpa
de que o fez por excesso de franqueza.

Desconfie de quem fala mal dos ausentes:
assim que se ausentar,
poderá fazer o mesmo com você.

Não tenha medo da verdade:
é muito mais trabalhoso e sofrido
guardar ou sustentar uma mentira.

Responsabilidade

*Vivemos em uma sociedade em que
a luta entre a inclusão e a marginalização
é cada vez mais cruel.
De um lado, há quem considere os direitos
algo a distribuir segundo suas próprias
ideias e impõe aos outros restrições cada
vez mais injustas e punitivas.
De outro, há pessoas que,
pelo simples fato de não conseguir vencer,
se escondem atrás da raiva,
descarregando a culpa das próprias falhas
sobre todos, menos sobre si mesmas.*

Você é muito competente
e obscurece o meu valor.

Você não sabe nada
e só me faz perder tempo.

Você é complicado,
e nós não conseguimos entendê-lo.

Você têm interesses muito diferentes dos meus.

Você é um grosseirão,
não tem boa aparência,
nem é elegante.

Você contesta as instituições, atribuindo-lhes a responsabilidade pelo seu insucesso.

Você atribui aos outros
a culpa dos seus fracassos:
"Se tivessem me avisado...".

Você se recusa
a partilhar com justiça
os méritos sobre as vitórias.

Você se defende apontando,
nos outros,
defeitos insignificantes.

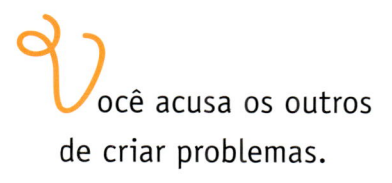

Você acusa os outros
de criar problemas.

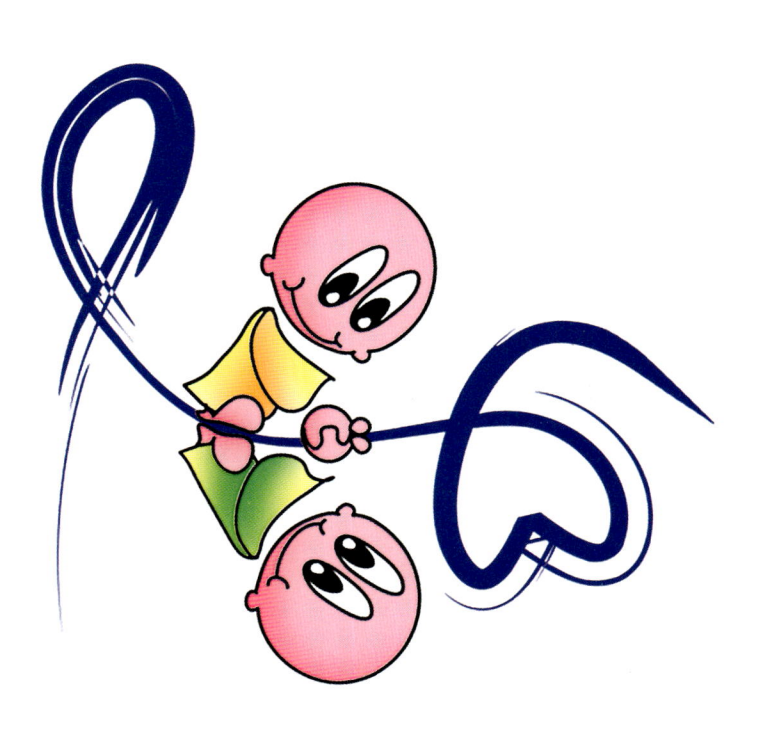

Amizade

*Muito mais do que o amor, a amizade estimulou
a curiosidade, o fascínio, o encantamento de pintores, poetas,
escritores, de modo que sobre ela foram feitos os mais
diversos discursos ao longo de toda a história da humanidade.
A amizade não tem idade, não tem tempo, não tem limites,
não tem obrigações, não se impõe; é fonte de riquezas
sem fim, desde que seja vivida com transparência,
com lealdade e com doação.*

*Jesus pretendia que os seus discípulos compreendessem
por que os havia chamado "amigos"; Santo Agostinho
estava tão convencido da importância insubstituível da
amizade que sustentava que, para ele, era algo inato.*

Se você procurar, vai encontrar
mesmo na pior pessoa
o lado bom que seguramente há nela.

A vida é um jogo de equipes treinadas com honestidade e empenho; aquilo que você deixar de fazer também prejudicará os outros.

Seja você mesmo;
não se force a ser como os outros.

ão fique reclamando das decisões dos outros. Se pensar com honestidade, vai descobrir que eles têm alguma razão.

Aprenda a conhecer-se,
a amar os seus limites e a
orgulhar-se dos seus talentos.

– Prazer, Rosa do Japão.

– Sou Íris da França.

– Eu, Magnólia de Madagascar.

– Eu... Margarida do... campo!

Quando abordar um amigo
para esclarecer qualquer assunto,
recorde-se de que ele tem defeitos como você.
Não se aproxime para subjugá-lo;
não o trate com arrogância.

Resista ao desejo de obter
uma revanche à força: a vingança
anula o efeito positivo da adrenalina.

Quando avaliar um amigo, faça uma mistura cuidadosa de emoção e razão antes de se manifestar.

Defenda a sua identidade
e não a confunda com a do grupo.

O ombro de um amigo pode lhe ser útil para chorar,
para apoiar-se, quando estiver cansado,
para ajudá-lo a se reerguer, caso seja necessário.
Cuide bem desse lugar, reservado só para você.

Quando pensar que nada pode consolá-lo,
porque tudo ao seu redor é cinza e opressivo,
esforce-se para olhar para o alto e levantar voo:
se não conseguir, porque lhe falta uma asa,
seu amigo terá uma de reserva.

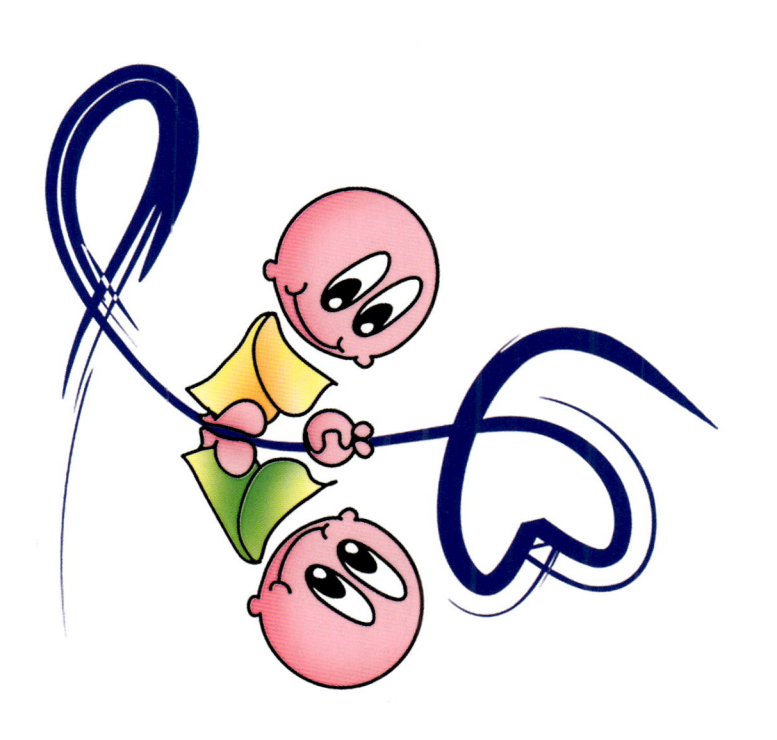

Entrega

Aquilo que chamamos de obstáculo
muitas vezes esconde comportamentos
aparentemente insuperáveis.
Quem já não sentiu o desejo de entregar-se?
E quem não experimentou
a angústia de sentir-se abandonado?
O Senhor, pouco antes de morrer,
nos deu o testemunho destes dois
diferentes estados de ânimo:
"Meu Deus, meu Deus, por que me abandonaste?"
– e logo depois –
"Pai, em tuas mãos entrego o meu espírito!".

A vida se divide em duas grandes partes:
o passado, sobre o qual não se pode fazer nada,
e o futuro, que depende só de você.

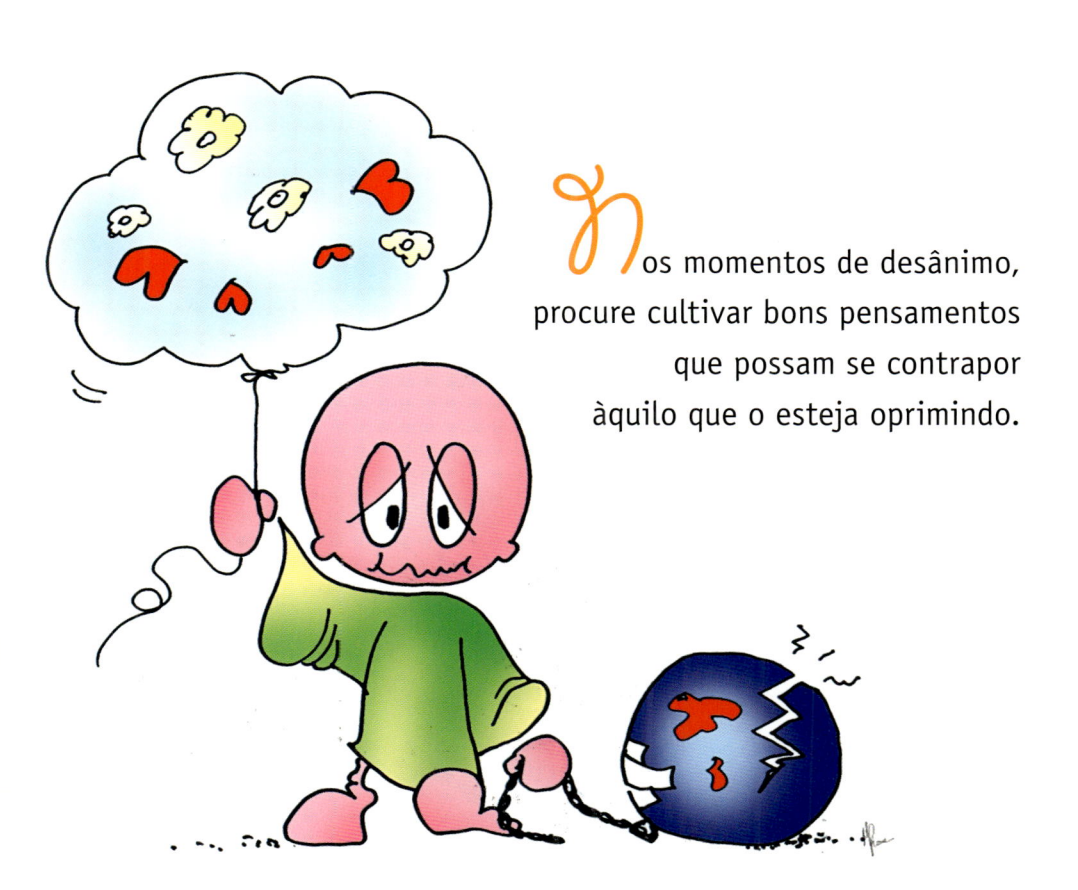

Nos momentos de desânimo,
procure cultivar bons pensamentos
que possam se contrapor
àquilo que o esteja oprimindo.

Seus pais e seus mestres
traçaram linhas
de conduta para você:
procure encontrá-las
e dar-lhes um significado
para segui-las.

Cada dia que nasce é um presente-surpresa. Aproveite-o ao máximo em vez de lamentar-se.

Não resista à tentação de admirar-se:
ao longo do dia, você pode encontrar infinitas ocasiões
de descobrir coisas bonitas e novas.
A nossa história, que começa com Adão,
nos ensina que ele mesmo, em seu primeiro despertar,
teve uma grande e feliz surpresa.

Quando você se julgar abandonado,
terá a sensação de aridez, deserto, desamparo.
Para combater esses sentimentos,
não se deve improvisar ou apostar na força bruta;
é preciso se fortalecer e ter a certeza de que
esse momento ruim passará.

Nunca perca a esperança de abrir as asas,
levantar voo e olhar o mundo do alto.
Vá em busca de seus sonhos!

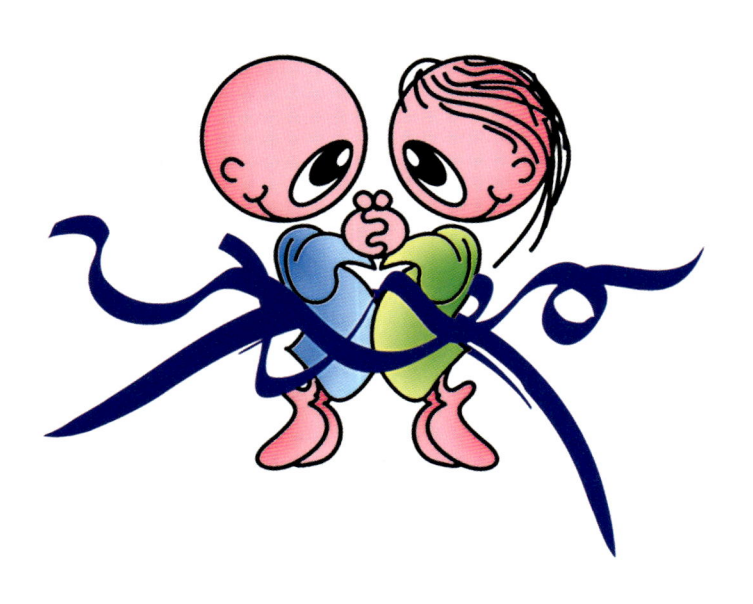

Fidelidade

Esta expressão, que arrisca tornar-se obsoleta e fora de moda, está seguramente entre os termos que aparecem com mais frequência na literatura popular ou sagrada. A Bíblia está repleta dela, mas também os romances a fazem o ingrediente mais visitado e atraente para seus enredos.

É um bem ou um mal? Um ônus ou uma honra? É um privilégio ou uma condenação?

Antes de julgar os aspectos da vida que você não conhece, questione-se com honestidade; quando assumir um compromisso, seja fiel a ele.

A vida que lhe é
confiada é um privilégio.
Mesmo quando for cansativo
seguir adiante, você deve manter a fé
e olhar além das sombras para ver
as coisas belas que o aguardam.

Ser fiel não significa ter de suportar
o peso de uma relação, mas sentir-se escolhido
para proteger uma pessoa muito especial.

Para manter-se fiel aos seus compromissos, reflita bem e siga um plano prudente e bem avaliado: é o melhor que você pode fazer antes de assumir uma obrigação.

Para ser fiel
a outra pessoa,
é preciso ser fiel
consigo mesmo.

Não se envergonhe das suas origens
nem das suas tradições.

Quando estiver realizando tarefas importantes,
não improvise nem invente
para não correr o risco de pôr tudo a perder.

$\mathcal{H}$á tempo para brincar, para festejar
e para dar ouvidos à razão.
Seja sábio e faça o certo
no momento correto.

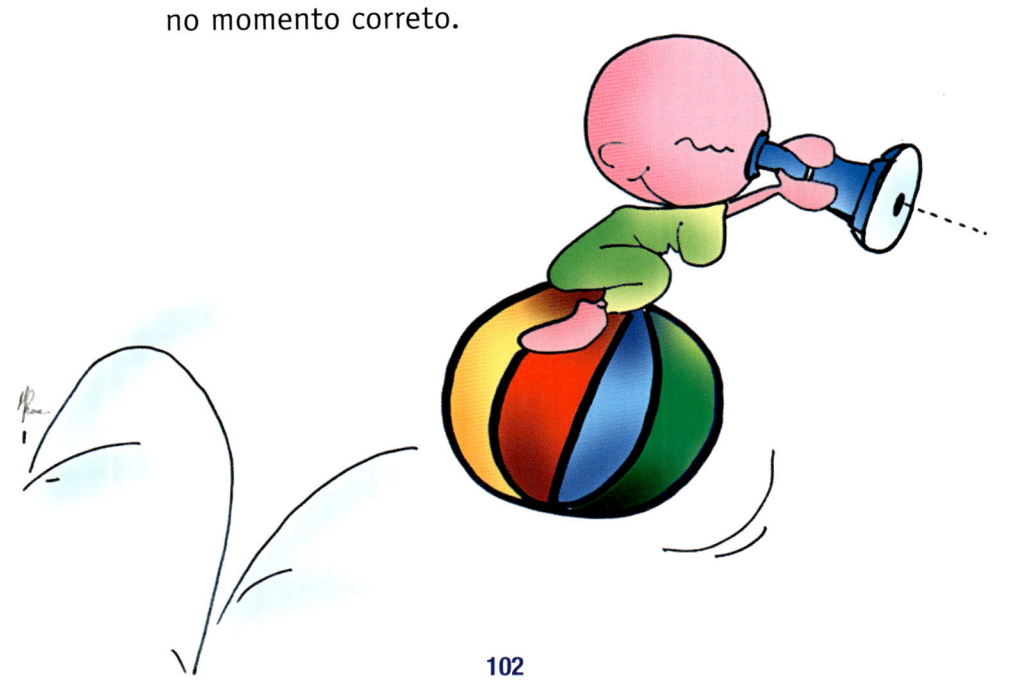

Reflexão

Não confie no acaso.
Apenas as pessoas impulsivas,
aquelas que não sabem dar o
salto para passar da condição
de criança para a de adulto,
continuam a agir instintivamente.

Mova-se a passos curtos,
sem pretender conquistar
tudo de uma vez:
os propósitos de
mudanças radicais
duram pouco.

Preocupe-se com os seus próprios pensamentos, e não com os dos outros.

Quando estiver diante de uma escolha,
concentre-se no problema e ignore os sentimentos.

Se descobrir que cometeu um erro, recomece logo.

As pausas para lastimar-se
servem apenas para perder um tempo precioso.

Reflita sempre antes de falar:
a imagem de uma pessoa que não sabe o que dizer é melhor
do que a de alguém que não sabe como consertar
aquilo que deixou escapar de sua boca.

Sumário